Luna y el Pincel Mágico de la IA

Un Libro de AI Made Simple

Relato:
Bessie Schenk & Rob van der Veer

Ilustraciones:
Mireille van Yperen

Traducción al Español:
Lara Cantos

Los Libros de la Serie Seriously Simple toman temas serios y los hacen sencillos para los niños. Todas las historias se crean en colaboración con expertos del espacio digital. Luna y el Pincel Mágico de IA es el primer Libro de la Serie Seriously Simple

BIG SUBJECTS MADE SIMPLE FOR KIDS

Colofón

Luna y el Pincel Mágico de la IA ©
Un Libro de AI Made Simple ©
Un Libro de la Serie Seriously Simple ©
Una División de Happy Forward BV ©

Copyright del relato©
de Bessie Schenk + Rob van der Veer

Copyright de Un libro de AI Made Simple © Bessie Schenk
Una División de Happy Forward BV

Copyright de la Serie de Libros Seriously Simple © Bessie Schenk
Una División de Happy Forward BV

Texto & Ilustraciones: DTP-hulp.nl
Formato: DTP-hulp.nl
Traducción al Español: Lara Cantos
Fotos de los Autores e Ilustradora: Paco van Leeuwen Photography

Primera impresión: Octubre, 2024
ISBN: 9789083414492
NUR: 273

A Arya, cuya imaginación trae creatividad y magia a
mi vida, sin importar cuán rápido se mueva mi mundo.
– Bessie

A Joyce, la narradora que imaginé en este libro, cuya única
manera de leerle a los niños ha inspirado cada página.
– Rob

Esta es Luna.
Es una artista.

No una artista cualquiera.
Es extraordinaria.

Su imaginación es tan grande como todo el universo (incluido el cielo, los océanos e incluso todas las pequeñas islas diminutas que parecen lunares en el mapa).

Luna siempre ha pintado con las manos. Literalmente.
Primero hizo arte impresionista:
Cuando era bebé pintaba con la comida.
A sus padres les encantaba.

Luego, en segundo lugar, hizo arte pop:
Cuando era pequeña pintaba con las burbujas de la bañera.
A sus padres les encantaba mucho.

En tercer lugar, hizo arte abstracto. De pequeña pintaba con pasta de dientes y espuma de afeitar. A sus padres super requete que les encantaba muchísimo.

Como puedes ver, se ha desarrollado mucho como artista.

Hoy ha decidido que quiere explorar y probar algo nuevo.
Por primera vez, ¡va a utilizar un pincel y papel!

(Nota al margen: tras años pintando las paredes,
el suelo y los muebles, sus padres están muy,
muy, MUY contentos con esta novedad).

Va al armario y saca papel, pinturas y un bote lleno
de pinceles de colores de todas las formas y tamaños.

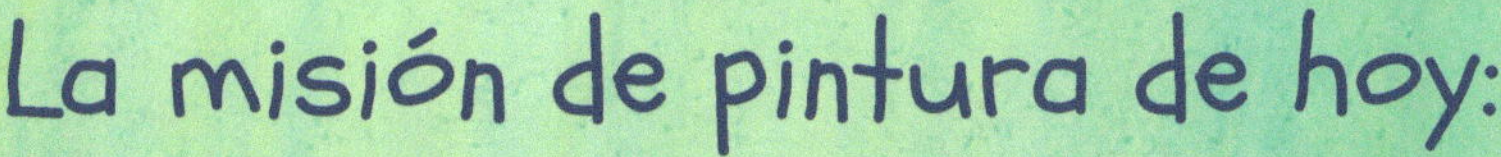

La misión de pintura de hoy:

una fiesta del té de robots en una selva espacial galáctica, en una isla flotante, con un caballo tumbado y un cucurucho de helado.

Agarra su primer pincel del bote, lo sumerge en diferentes botes de pintura y empieza a pintar.

10 horas, 100 páginas, 1000 pinceles diferentes y 10.000 pinceladas
después, no está del todo contenta con el resultado.

Al comprobar el bote, ve que queda un pincel.

Es uno grande con lucecitas parpadeantes y las letras IA grabadas en el mango. No está segura sobre este, pero es una artista. Y una artista debe seguir probando cosas nuevas.

Mirando el pincel en el bote, empieza a pensar en voz alta. "Muy bien pincel. A ver si puedes pintar una fiesta del té de robots en una selva espacial galáctica, en una isla flotante, con un caballo tumbado y un cucurucho de helado".

¡FIUS!
Saltan chispas, estallan colores y, de repente, ¡el pincel vuela por los aires!

"¡Claro, Luna!"

PUF. CAPÚN. Swoosh, swish, flash, bang, clank. ¡¡¡CAPUF!!! Silencio.

Sorprendentemente, el pincel había pintado de
repente una versión de una fiesta del té de robots
en una selva espacial galáctica, en una isla flotante,
con un caballo tumbado y un cucurucho de helado.

¡Luna está en estado de choque!

No se imaginaba que el pincel cobraría vida.

Al oír todo el ruido, su madre y su padre
han entrado volando en la habitación.

"¡Luna! ¿Qué está pasando?"
"El pincel con lucecitas parpadeantes ha cobrado vida".

Su mamá y su papá se miran.
Luego, despacio y con cautela, los tres miran el cuadro.

Definitivamente NO es lo que Luna había imaginado
para su obra maestra. Quería más estrellas.

"¡Oh, vaya! Ese caballo no parece estar tumbado
de la forma correcta", comentó su madre.

"Mmmmm. Pincel mágico, no está
del todo bien. ¿Puedes volver a
intentarlo? Esta vez cámbialo
para que tenga más estrellas y
para que el caballo se tumbe con
las patas hacia dentro".

"¡Claro, Luna!"
PUF. CAPÚN. Swoosh, swish,
flash, bang, clank. ¡¡¡CAPUF!!!

Silencio.
Ha aparecido una nueva versión del cuadro.
De nuevo, lenta y cautelosamente, los tres miran el cuadro.
Esta vez, hay demasiadas estrellas, y el caballo está tumbado de lado, sin
patas, comiéndose el cucurucho de helado. Sigue pareciendo tonto y raro.
"Mmmm... No creo que los caballos coman cucuruchos de helado",
comentó su padre.

"Mmmmm. Pincel mágico, esto todavía no está del todo bien. ¿Puedes, por favor, poner menos estrellas y dejar que el caballo descanse de forma normal? Quiero una fiesta del té de robots en una jungla espacial galáctica, en una isla flotante, con un caballo tumbado y un cucurucho de helado… tal como lo veo en mi imaginación".

El pincel mágico deja de moverse.
Luego, se vuelve lentamente hacia Luna.

"Oh, Luna. No puedo hacer eso.
No puedo ver en tu imaginación".

"¿No puedes ver lo que hay dentro
de mi imaginación?"

"No".

"Soy lo que llaman una IA. Eso significa Inteligencia Artificial. La gente me creó.
Lo que se me ocurre se basa al 100% en cómo me entrenó la gente".

Luna se queda perpleja. "Entonces, ¿cómo
te han enseñado a pintar?"

"Me enseñaron muchas, muchas, muchas imágenes de
cosas diferentes. Pero sólo imágenes de caballos de pie".

"¿Así que no creas nada a partir de tus propios
pensamientos?"

"No. Sólo intento algo basándome en lo que he visto antes".

"Luna, esto es diferente de un pincel normal", dice mamá.
"En realidad es como una pequeña máquina. Está
pensada para ayudarte, no para hacerlo todo sola".

Luna se detiene a pensar en esto.

"¿Y si te enseño lo que hay en mi imaginación?"

"Por supuesto, Luna. ¿Cómo me mostrarás
exactamente lo que hay en tu imaginación?"

En lugar de hablarle al pincel, Luna lo agarra.
Luego, con él en la mano, empieza a pintar.

PUF. CAPÚN. Swoosh, swish,
flash, bang, clank. ¡¡¡CAPUF!!! .

Silencio.

ADEMÁS, esta vez se añade al proceso
una pizca de la imaginación y la chispa de Luna.

¡Increíble! Allí, delante de Luna y sus padres, hay una fiesta
del té de robots en una selva espacial galáctica, en una isla
flotante, con un caballo tumbado y un cucurucho de helado.

El mismo que ella imaginó combinado con alguna habilidad
de dibujo del pincel mágico.

"¿Pincel mágico?"

"¿Sí, Luna?"

"En realidad no puedes sustituirme".

"No".

"Pero me gusta lo que me
has ayudado a crear".

"Gracias, Luna".

"Creo que la mejor manera de hacer gran arte
con un amigo como tú es seguir teniéndote en
mi mano. La IA me ayuda a crear...

pero la magia sigue
proviniendo de mí".

Visita <u>SeriouslySimpleBooks.com/fun-and-games</u>
para descargar actividades gratuitas